SAGITTARIUS

AIM FOR THE TARGET YOU CAN'T YET SEE.

まだ見ぬ彼方へ

射手座の君へ贈る言葉

鏡リュウジ
Ryuji Kagami

sanctuary books

そこでじっとしていてもいい。
でも今から、動き出したっていい。
射手座には、いつもその準備ができているから。
「新しいどこか」へ行きたくてたまらない。
その欲求に、
あなたはどれだけ応えられるだろうか？

どこに行けばいい？
いや、目的地なんて気にしなくていい。
大事なことは、飛び出すこと。
ここではないどこかに向かって、
ただ、まっすぐに走り続けること。

「想い」と「行動」の間の
距離は射手座にはない。
想いが浮かんだ瞬間、
射手座は駆け出す。
先へ向かう。

疾走する射手座の心と体は
一体となって
エネルギーの塊となる。
そしてまだ見ぬ彼方へと
向かうのだ。

どれだけ幸せなこと、楽しいこと、
おもしろいことを見つけても、
射手座の旅は永遠に終わらない。
この世界には、
もっと幸せなことがあるんじゃないか？
楽しいこと、
おもしろいことが待っているんじゃないか？
あふれる好奇心を無視できないから。

だけど、射手座は
けっして単なる無茶な鉄砲玉ではない。
走り出すのは、心のなかで
何か「本当」を感じたときだけだ。
本当の価値、本当に大事なものを
探し出し、感じとる叡智が射手座のなかにはある。
それを感じとるための「待ち」も
射手座の大切な行動だ。

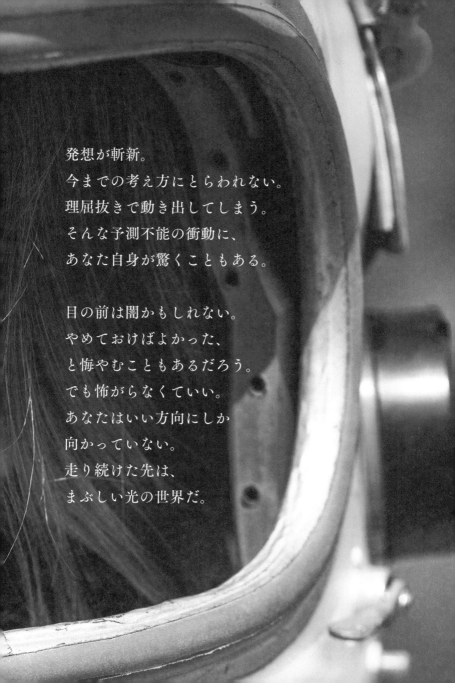

発想が斬新。
今までの考え方にとらわれない。
理屈抜きで動き出してしまう。
そんな予測不能の衝動に、
あなた自身が驚くこともある。

目の前は闇かもしれない。
やめておけばよかった、
と悔やむこともあるだろう。
でも怖がらなくていい。
あなたはいい方向にしか
向かっていない。
走り続けた先は、
まぶしい光の世界だ。

いつやるか？
答えは簡単、「今すぐ！」。
あなたが動き出した瞬間、世界は一転する。
そして1秒前とはまったく違う物語がはじまる。

日常から冒険へ。
そのスイッチを押せるのは、あなただけ。

ここではない、どこか。
射手座はいつも遠くを見つめている。
どこに辿り着いても、
そこはまだ旅の途中だといえる。
今の自分に満足しない。
射手座が輝く一番の方法は、
新しいものを求めて、
とりあえず「行ってみる」「やってみる」こと。
直感を信じて探索しよう。
そして数え切れないガラクタを集めた結果、
最後にとんでもない宝物を手にするんだ。
素晴らしい射手座の人生を
さらに輝かせる「飛躍」と「挑戦」のために、
35 のヒントとメッセージを贈ります。

射手座のあなたが、

もっと自由に
もっと自分らしく生きるために。

SAGITTARIUS

CONTENTS

SAGITTARIUS

CHAPTER 1

本当の自分に
気づくために

【夢／目標／やる気】

あなたの夢は何か？
やりたいことが見つからないときは？
あなたの心を動かすものは何か？
射手座のあなたが、
向かうべき方向はどこだ。

1

目標は
「荒唐無稽」な
くらいでいい

今、やっていることがなんとなくしっくりこない。日々に不満があるわけじゃないけれど、何か物足りない。もしあなたが今、そう感じているとしたら、それは射手座の魂のせいかもしれない。

　射手座のシンボルは弓をきりりとひきしぼり、矢を放とうとするケンタウロスの姿。その魂はいつも矢のように宙に向かって飛び出そうとしている。だから、興味関心が「今ここ」よりもっと先、「いつかどこか」の方向に向いてしまう。この先、もっとおもしろいことがあるんじゃないか、そう思わずにはいられないのだ。

　だったら、最初から、はるか遠くに目標を置いたらどうだろう。半年先や1年先でなく、10年先、20年先、遠すぎて見えない先のこと。あるいは、荒唐無稽なくらい大きな夢でもいい。今の自分の能力からはかけ離れたことを目指してみよう。

　人は地に足がついていないというかもしれないけれど、気にしなくていい。射手座は自分の向かう先が未知のものであればあるほど、想像がつかないものであればあるほど、モチベーションが高まる。そして、どんなに壮大な夢でも、いったん狙いを定めれば、それこそ矢のようにまっしぐらに努力できる。今は荒唐無稽に見えても、必ずその夢に近づくことができるだろう。

　いや、大きな夢が実現できるというだけじゃない。車を運転するとき遠くを見たほうが近くもきちんと走ることができるように、遠い未来を見ることが目の前の日々を充実させる。10年後の目標のための今、いつか行くあの場所のためのここ、そう考えるようになって、目の前の一分一秒が意味のある時間になっていく。

　矢は的に当たったら止まってしまう。でも的がなければ矢は飛び出せない。だから届かないくらい見えないくらい遠くに狙いを定めて、思いっ切りあなたの矢を飛ばそう。

2

まずは
「たったひとり」で
はじめよう

誰だって、ひとりぼっちで新しいことをはじめるのは怖い。だから、何かを立ち上げるとき、多くの人は仲間やパートナーを求める。仲間がいれば、苦手なことは助けてくれるし、心強い気持ちになれる。実際、天秤座や蟹座のように、ひとりよりも複数のメンバーでやったほうがうまくいくタイプの人もいる。

　でも射手座は違う。どんなに怖くても、どんなに不安でも、最初は絶対にひとりではじめたほうがいい。

　それは、射手座にとって自分をつらぬくことが何より大切だから。何者にも縛られない自由な場所でこそ真価を発揮できるから。

　不安感の解消のために誰かと組んだら、気を使ったり、妥協しなければいけなくなって、あなたが持っている唯一無二のきらめきが失われてしまう。やがてモチベーションも衰えていく。

　だから、起業やお店をやる場合も、表現活動をはじめるときも、誰にも頼らず、あなたひとりではじめよう。

　心配しなくても大丈夫。射手座は行動力があり、頭の回転も速いから、ひとりでやっても絶対にうまくいく。

　それに、最初ひとりではじめたからといって、ずっとひとりなわけじゃない。あなたの夢が形になってきたら、あなたをサポートしたい、あなたについていきたい人が、どんどん出てくる。

　実際、射手座のアーティストや芸人は、よくある地元の仲間や大学の同級生とはじめたというパターンでなく、たったひとりで上京してきて一からメンバーを集め、成功したという人が少なくない。大きな事務所に頼らずたったひとりで YouTube をはじめて大ブレイクしたタレントもいる。

　射手座の自由な精神、そこから生まれるアイデア、あふれる情熱。それはきっと、100 人の仲間より大きな力を持っている。

SAGITTARIUS

3

「昨日と違う」
ことをやる

射手座のあなたが、やる気が起きない、モチベーションが上がらないときは、「変化のなさ」が原因であることが多い。

　射手座にとって、退屈は最大の敵。同じことをやり続ける、同じメンバーと同じ場所にい続けるのが苦痛で、予想がつくことや予定調和に耐えられない。

　最初はどんなに高い志があっても、同じことを繰り返していくうちに、だんだんモチベーションが下がるし、気持ちが淀んでくる。そうなると、アイデアも湧いてこなくなるし、本来あるはずの高い能力も発揮できずしぼんでいってしまう。

　つねに変化や新しいことが起きていないと、動き回っていないと、射手座の魂は満たされないのだ。

　だから自ら変化をつくり出し、新しい体験に飛び込み、刺激に身をさらそう。今までと違う何か、体験したことのないもの。

　海外に行って世界の人々と交流する、最先端のテクノロジーに触れる、圧倒されるような大自然のなかに身を置く。

　もっと些細なことでもかまわない。毎日のなかで、昨日と違うこと、いつもと違うことをやってみる。散歩のなかでヘンな建物を見つける、着たことのない色のシャツを着てみる、降りたことのない駅で降りてみる、使ったことのない家電を買ってみる、あまり話したことのない同僚を誘ってみる。

　出会った新しいものがそのまま、自分のやりたいことになるとはかぎらない。それでも日々まったく違う体験をすることで、モチベーションが湧いてくる。感覚が研ぎ澄まされ、能力が開花し、新しい発想やアイデアがどんどん湧いてくる。

　大切なのは何をするかでなく、「昨日と違う」ことをすること。それが射手座を新しい未来に連れて行ってくれる。

4

「三日坊主」で
かまわない

これと思ったら、ものすごい瞬発力と情熱で、あっという間に、他の人の何倍もの成果を上げることができる射手座。一方ですこし時間が経つと、情熱が冷めて飽きてしまう。新しいものに目が移ってそれまでやってきたことを忘れてしまう。

　あなたも人から「飽きっぽい」とか「三日坊主だ」といわれることがあるのではないだろうか。

　でも、射手座の場合はそれでいい。「三日坊主」でかまわない。

　いろんな体験をすれば、いつか本物の夢に出会える、といいたいわけじゃない。たとえば、牡羊座ならそういうパターンもあるけれど、射手座はそううまくいかない。本気でこれと思っても、また次の新しいことを見つけて、飛んでゆく。延々「三日坊主」を繰り返してしまう可能性も少なくない。

　それでも射手座の「三日坊主」がありなのは、その「三日間」がとても濃密だから。興味が湧くと、他の星座の人たちの何十倍もの集中力と情熱でそれを追いかける。そして独特の勘によって、短期間のうちに本質をつかんで、成果を上げる。

　周りは「目移りばかりしていると、結局何ひとつものにならないよ」というけれど、射手座にはあてはまらない。短期間でものにして、その経験を確実に自信につなげていける。

　だから、あなたは心おきなく「三日坊主」を繰り返していけばいい。三日間、どっぷりハマって満足すれば、また新しい何かを見つけて、次の三日間は新しいことにハマればいい。

　何かひとつのことを成し遂げる必要もない。一生かけて取り組める目標を探す必要もない。ただただ新しいことに出会って、飽きるまでは、誰よりも夢中になること。その繰り返しがあなたをかたちづくっていく。

5

目的地でなく
「旅の途中」を
楽しもう

矢のようにまっしぐらに飛んでいくイメージのある射手座。でも一方で、射手座は別の顔も持っている。

　それは「旅人」の顔。自分の生き方を探しながら、未知なものとの出会いを求めて、さまよい続ける。ひとつの場所に辿り着いたら、また次の場所に向かって歩き出す。

　周りはあなたを見て、目的地はどこ?と首をかしげるだろう。けれど、「旅人」には目的地なんてない。旅そのものが目的なんだ。

　あなたもきっとわかっているはず。よろこびや生きる意味を感じるのは、何かを獲得することじゃなく、そこまでのプロセス。どう歩き、何に迷い、どんな障害を越えて、誰に出会い、何に心動かされるか。それが自分にとって、最高の財産になる。

　これからもプロセスを大事に、旅するように生きていけばいい。

　最近の世の中はゴール至上主義がはびこっていて、目標を設定しろ、ゴールに最短距離で辿り着けという言葉がやたら目に飛び込んでくるけれど、あなたはそんな言葉に流されちゃダメだ。

　欲望のおもむくままに、そのとき行きたいと思った場所に行こう。きれいな風景やおもしろいものを見つけたら足を止めてみる。踊っている人たちに出くわしたら、輪に入って一緒に踊ってみる。

　一番大切なことは目的地に辿り着くことではなく、「旅の途中」を楽しむことだ。

　どこにも辿り着けないんじゃないかなんていう心配はいらない。目的なんかなくたって、歩きまわったその「広さ」があなたの力になる。迷い、乗り越え、出会った数だけ、成長することができる。そして、いつか小さな不安なんて消し飛んで「この世界のすべてが自分の庭だ」と思えるくらいに自由になれるだろう。あなたの旅はずっとずっと続いていく。

5歳で目覚めた 映画製作の才能

スティーヴン・スピルバーグ

Steven Spielberg

1946年12月18日生まれ

映画監督

5歳の頃に映画『地上最大のショウ』を観て衝撃を受け、少年時代から8ミリ映画を撮影。ユニバーサル社に潜り込んで映画製作を学んだことがきっかけでテレビ映画監督となり、その後『ジョーズ』の大ヒットを皮切りに、『E.T.』『ジュラシック・パーク』、アカデミー賞に輝いた『シンドラーのリスト』『プライベート・ライアン』など多くのヒット作を生んだ。ユダヤ系アメリカ人として育った自身の自伝的映画『フェイブルマンズ』も話題に。

参考「allcinema」
https://www.allcinema.net/person/3617

カントリー歌手に憧れ
夢を叶えた世界的シンガー

テイラー・スウィフト
Taylor Swift

1989 年 12 月 13 日生まれ
シンガーソングライター

アメリカ出身。元オペラ歌手の祖母の影響で音楽に親しみ、11 歳でカントリーミュージック発祥の地ミュージック・ロウにデモテープを持参するなど、カントリー歌手を志すように。学校でいじめを受けていたという彼女だが、その苦しみを音楽に変え、16 歳でデビューアルバム『Taylor Swift』をリリース後は数々の音楽チャートを席巻。20 歳で迎えた第 52 回グラミー賞では、年間最優秀アルバム賞の史上最年少受賞を含め 4 冠に輝いた。

参考「VOGUE JAPAN」
https://www.vogue.co.jp/tag/taylor-swift

SAGITTARIUS

CHAPTER 2
自分らしく輝くために

【仕事／役割／長所】

あなたに備えられた才能はなんだろうか？
あなたが最も力を発揮できるのはどんな場所？
あなたが世界に対して果たす役割は何か？
射手座のあなたが、最も輝くために。

SAGITTARIUS

6

「体育会系」と
「文化系」を
行き来する

射手座には「体育会系」の要素と「文化系」の要素が共存している。そういうと、意外に思う人がいるかもしれない。

　射手座は一般的には、野性的、体育会系のイメージが強い。アグレッシブで生命力にあふれ、身体性に優れていて、まさに"野生の勘"と呼ぶに相応しい直感力を持つ。

　でも、これらは、射手座の一面にすぎない。確かに射手座のかたちは獰猛で知られるケンタウロス族の姿だが、実際のモデルになっているのは、ケンタウロス族のなかでも賢者として知られるケイローン。ケイローンは、医療や音楽の分野で高い見識を持ち、良き教育者でもあった。

　射手座の魂のなかには、ケイローンの高い知性と精神性が眠っている。情報や知識への感度の高さ、物事の真理を深く探究する姿勢。哲学や文学、芸術に深い教養を持つ人も多い。

　射手座は「野性」と「知性」、「体育会系」と「文化系」と、一見、相反して見えるふたつの面を両方持っているのだ。

　ただ、多くの人は一方しか表面に出てこず、「体育会系だけ」あるいは「文化系だけ」になってしまいがち。自分のなかの「野性」と「知性」両方の存在に気づいて、それを伸ばし、使い分けられるようになれば、あなたは今の何倍も輝きを増すだろう。

　たとえば、アイデアを考えるときや表現を磨いていくとき。そういうときは思いっ切り「文化系」になる、知性を全開にする。逆に自分をアピールするときや何かをはじめるとき、障害を乗り越えるときは、「体育会系」的にストレートな馬力を発揮する。

　大切なのは「野性」と「知性」を中和させるのでなく、両方を持ったまま行き来すること。ただでさえ能力の高い射手座のあなた。この使い分けができるようになったら、もう無敵だ。

7

「速い」か「深い」か
どちらかの
仕事をしよう

射手座が仕事を選ぶうえで大切なのは、ジャンルや報酬ではなくて、飽きないかどうか、情熱を持ち続けられるかどうかだ。

　射手座は、情熱があればどんな高いハードルや難しい課題もクリアできる一方、いったん飽きてしまうとモチベーションをなくしまったく能力を発揮できなくなってしまう。

　だから、いつも変化があって刺激的な仕事を選ぶのがいい。

　たとえば、マスコミ関係やジャーナリスト、エンタテインメントや観光業、IT関係の仕事。毎日違う状況が起きたり、新しいことが次々生まれる環境に身を置くと、明日は何が起きるんだろう、どういうアプローチをすればいいんだろう、とワクワクして、ずっとモチベーションを保ち続けられる。

　逆に変化はなくても、奥が深い仕事ならいい。いくら追求しても簡単に答えの出ない仕事。やればやるほど、課題や疑問が生まれるもの。たとえば、哲学、文学、文化人類学、天文学など、深淵を探究する学者的な仕事などはすごく向いている。

　あなたがこれから就職するなら、変化の速さ、奥深さに着目してみよう。どちらかの要素がある、あるいは両方あるならなおいい。実際、アーティスト、医療、教育など、変化への対応と奥深さの両方が求められる分野で活躍している射手座はとても多い。

　ただ、こうしたわかりやすく刺激的、探究的な仕事をしていなくても、向き合い方次第で射手座はモチベーションを持続させることができる。たとえば、料理の仕事をしているならメニューの開発をしたり、味をきわめていく。事務の仕事をしているなら、作業を効率化できるツールをどんどん試していく。

　何をしていても大切なのは、変化と深さを見出していくこと。そうすれば、あなたの人生はずっと充実し続けるはずだ。

SAGITTARIUS

8

「ジャンル」を
超えていけ

自分の軸を強く持っている射手座は、表現者やアーティストとして活躍している人が多い。

　ただし、その姿勢はストイックではなく、とても柔軟だ。ひとつのジャンルやテーマ、方法にこだわらず、その時々の表現欲求に応じて、スタンスを変え、相応しいメディアや表現手法を選ぶ。

　実際、射手座には、ジャンルを軽々と超えて活動するアーティストや芸術家が多い。歌人から劇作家になり、作詞家、映画監督、ギャンブル評論まで手掛けた寺山修司。詩人、思想家でありながら、ファッションモデルまで務めた吉本隆明……。

　自分がジャンルを超えるだけでなく、他ジャンルの表現者とコラボする人もたくさんいる。

　関係のない分野や表現に接したら、その影響で自分の純粋な世界観が壊れるんじゃないか、と怖がる人もいるけれど、射手座はそうはならない。

　むしろ知らないもの、異質なものと出会うことによって、自分のクリエイティビティが研ぎ澄まされていって、オリジナルな発想がどんどん湧いてくる。

　だからあなたも、ジャンルをどんどん超えていけばいい。

　それは何もアーティストや表現者にかぎったことじゃない。あなたがカフェをやっているなら、週末、映画上映会を開催してみる。あなたが会社員なら、他部署や異業種の会社と新しいプロジェクトを立ち上げる。あなたが学生なら自分と違う学部の人あるいは学外の企業やNPOの人と共同で研究する。

　こうしたコラボは、クリエイティビティを高めるだけじゃない。これからの時代に必要な「多様性」を活かすマネジメント能力も培われる。あなたの未来はきっと大きく広がっていくだろう。

9

「ガラクタ箱」を
用意して
片っ端から詰め込もう

射手座が欠点をカバーして輝くために必要なのは何か。ヒントになるのが、あのエルメスのバーキン誕生のエピソードだ。

　きっかけは、射手座生まれの女優、ジェーン・バーキン。バーキンは整理が苦手で、いつもバッグにいろんなものを乱雑に詰め込んでいたのだが、飛行機のなかでそのバッグをひっくり返してしまう。そのとき、たまたま隣に座っていたエルメスの社長が彼女に「あなたのためのバッグをつくらせてください」と申し出て生まれたのが、"なんでも詰め込める"エルメスのバーキンバッグだった。

　バーキンにかぎらず射手座は整理が苦手。片付けなんてどうでもいいと思っている人が多い。でも、そのぶん、興味のあることには情熱を注ぎ、行動力があるから、大きなことを成し遂げる。その自由さ、大らかさが人を魅了する。

　あなたも苦手だったら、片付けや整理をする必要はない。

　ただ、そのかわりにバーキンバッグのような、たくさんのものを詰め込めるものがあるといい。たとえば、「ガラクタ箱」を用意して、整理せずに片っ端から放り込んでしまおう。

　ガラクタ箱は片付けが苦手な人の整理術でもあるけれど、それ以上に、あなたに大きな刺激を与えてくれる。何を探すにしても全部をひっくり返さないといけなくて、余計なものが目に入る。そこから別の発想が生まれたり、アイデアが広がっていく。

　実際、世界的なデザイン会社 IDEO では、オフィスにガラクタ箱を備え、アイデアを生み出すきっかけにしている。

　あなたも、ごちゃごちゃのガラクタ箱をつくって、いろんなものを詰め込んでいこう。箱だけじゃない。PC のデスクトップやノート、机、とにかく整理せずにごちゃごちゃにしておくこと。そのカオスから、みんなが驚くアイデアが生まれる。

10

「旅」するように
仕事しよう

先にもいったように、射手座は「旅人」だ。自分の生き方を探しながら、未知なものとの出会いを求めて、歩き続ける。

　だったら、仕事も「旅」するようにしてみたらどうだろう。

　たとえば、ひとつの仕事にとどまらずどんどん仕事を変えていく。

　かつては、職を転々としたら何も得られず、人生がどんどん悪い方向に行くといわれたけれど、今は、転職でのステップアップを前提にキャリアプランを考えるのが当たり前になっている。

　とくに射手座の場合は、キャリアをチェンジするたびにモチベーションが高まっていくし、新しい発想も湧いてくる。

　だからどんどん転職していこう。同じ業界じゃなくていい。違う仕事を選んでも、それまでのキャリアを活かして飛躍できる。

　仕事や会社を変えるだけでなく、起業やフリーランスもいい。射手座は自分の裁量で決められるほうが力を発揮できるし、さまざまな能力があるから、フリーに向いている。

　不安定さを心配する人が多いけど、射手座の場合は逆。リスクを背負う、先行きが見えないことがモチベーションになる。

　もちろん必ず、転職をしたり、フリーランスにならなきゃいけないわけではない。いまの場所が気に入っているなら、ひとつの会社、仕事を続けていい。ただし、心のどこかで「フリーランス精神」「旅人の気持ち」を忘れないこと。

　組織のなかでの出世を目的にするのでなく自分のやりたい仕事を組織の力を使ってやることを意識する。組織に忖度して意に沿わないことをやらない。周りに流されず、自分のルールやリズムで仕事をしていく。

「フリーの精神」「旅人の気持ち」を持っていれば、あなたはなんの仕事をしていても充実した気持ちを持ち続けられるはずだ。

エルメスの創造性を刺激した
ファッションアイコン

ジェーン・バーキン
Jane Birkin

1946 年 12 月 14 日生まれ
女優、歌手

ロンドンに生まれ、10 代の頃からミュージカルや映画に出演。カンヌ映画祭パルム・ドールを受賞した映画『欲望』で一躍脚光を浴びる一方、十代で結婚、のちに出産、離婚と私生活でも世間の関心を集める。その後も女優や歌手として活躍を続け、1999 年には TBS ドラマ主題歌にジェーンの楽曲『無造作紳士』が使用されるなど、日本での人気も確立。エルメス社長が彼女のためにデザインした「バーキン」は世界的ファッションアイテムに。

参考「UNIVERSAL MUSIC JAPAN」
https://www.universal-music.co.jp/jane-birkin/biography/

SAGITTARIUS

PERSON

射手座の偉人

4

いくつもの職業を
渡り歩いた先に得た名声

マーク・トウェイン
Mark Twain

1835 年 11 月 30 日生まれ

小説家

わんぱく少年が繰り広げる冒険物語『トム・ソーヤーの冒険』、
その続編『ハックルベリー・フィンの冒険』で知られるアメリカの
小説家。印刷工、蒸気船の水先案内人、新聞記者などさまざ
まな職業を経て、『トム・ソーヤーの冒険』でベストセラー作家
となったのは 40 歳頃のこと。南北戦争、人種差別、貧困など
の社会問題に切り込み、ユーモラスに描いた彼の作品は、アー
ネスト・ヘミングウェイらアメリカ文学の巨匠にも絶賛された。

参考「光文社 古典新訳文庫」
https://www.kotensinyaku.jp/nenpu/?list=author071&nenpu=0

SAGITTARIUS

CHAPTER 3

不安と迷いから
抜け出すために

【決断／選択】

人生は選択の連続だ。
いまのあなたは、過去のあなたの選択の結果であり、
いまのあなたの選択が、未来のあなたをつくる。
射手座のあなたは、何を選ぶのか。
どう決断するのか。

『まだ見ぬ彼方へ放て　射手座の君へ贈る言葉』読者アンケート

本書をお買上げいただき、まことにありがとうございます。
読者サービスならびに出版活動の改善に役立てたいと考えておりますので
ぜひアンケートにご協力をお願い申し上げます。

■本書はいかがでしたか？　該当するものに○をつけてください。

最悪	悪い	普通	良い	最高
★	★★	★★★	★★★★	★★★★★

■本書を読んだ感想をお書きください。

切手を
お貼り下さい

113-0023

東京都文京区向丘2-14-9

サンクチュアリ出版

『まだ見ぬ彼方へ放て　射手座の君へ贈る言葉』
読者アンケート係

ご住所	〒 □□□-□□□□	
TEL※		
メールアドレス※		
お名前		男　・　女
		（　　歳）

ご職業
1 会社員　2 専業主婦　3 パート・アルバイト　4 自営業　5 会社経営　6 学生　7 その他

ご記入いただいたメールアドレスには弊社より新刊のお知らせやイベント情報などを送らせていただきます。希望されない方は、こちらにチェックマークを入れてください。	メルマガ不要	□

ご記入いただいた個人情報は、プレゼントや感想に関するご連絡およびメルマガ配信のみに使用し、その目的以外に使用することはありません。

※プレゼントのご連絡に必要になりますので、電話番号およびメールアドレス、
　両方の記載をお願いします。

弊社HPにレビューを掲載させていただいた方全員にAmazonギフト券（1000円分）をさしあげます。

SAGITTARIUS

11

迷いは
「矢」を遠くに飛ばす
ためにある

行動的で迷うイメージがあまりない射手座。そんな射手座が「迷っている」と感じるとき、どう対処すればいいのだろう。

　同じ火の星座の牡羊座なら、スピードが命だから、迷っていてもとりあえずやっちゃえ、見切り発車しようという姿勢でもいい。でも、射手座の場合は違う。

　射手座は矢にたとえられ、これと決めたら一気にものすごいスピードで目標に向かって突き進む。でも、矢を放つ前には「弓をひきしぼる」という動作があるように、動き出す前に、きちんと心の準備をして覚悟を育てていく。そして、自分のなかで「行ける」と思ったとき、弓から手を放して矢を一気に飛ばす。

　あなたが今、迷っていると感じているなら、それは、矢を遠くに飛ばすために、弓をひきしぼっている時間なのかもしれない。

　だから、焦らなくても大丈夫。あなたには、野生の勘があるから、これだという選択、今だというタイミングは外さない。それまでは、ゆったり構えていればいい。

　むしろ、今、迷っていると思うなら、その「迷い」を大切にしてほしい。迷っているうちに、目標に向かっていく心構えができて、行動に移すためのエネルギーが充填されていく。

　たとえば、周りのなかであなただけがまだ進路を決められないでいても、置いてけぼりになると不安に思う必要はない。その迷いから逃げないでいれば、必ず「絶対にここに行きたい」と思うタイミングが来る。そして、いったん、目指す進路が決まったら、ものすごい集中力で準備をはじめ、一気に周りを抜き去ってしまうだろう。

　大切なのは、焦らずに、迷うことから逃げずに、自分の野生の勘と瞬発力を信じること。そうすれば、きっといい選択をすることができるはずだ。

SAGITTARIUS

12

先が「見えない」
ほうを選べ

誰しも、先が見えないこと、先行きが不透明なことは不安だ。多くの人は先が読めて安全なほう、今の基準でなんとなくいい結果になりそうなほうを選んでしまう。

　でも射手座は未知のもの、より遠いものに憧れを感じて、向かっていく星座。そんな選択をしたら、どんどんつまらなくなってしまう。先が見えると、逆にモチベーションが下がってしまう。射手座にとっては、この先、何が起きるかわからないほうが、エネルギーが湧いてくるし、力が発揮できる。

　だから、迷ったときは先が見えないほうを選ぼう。まったく未知のもの、経験がないこと、見たことがなくて想像もつかないもの。

　たとえば就職先に迷ったら、有名な大企業より、誰も知らない新しいことをはじめようとしている会社。行ったことのあるお店よりはじめてのお店。誰も知りあいのいない学校。日本の人がほとんどいない国。まだ誰も深く研究したことのないような学問。そういう先がわからないほうを選んでいけば、あなたはきっとワクワクできるし、才能を発揮できる。成功に近づいていける。

　そんな危険な道を選ぶ必要はない、と人はいうかもしれない。でも、未来というのはそもそも、予測がつかないもの。どんなに安全だと思って選んだとしても、想定外のことが起きる。

　そんな不確かな安全より、いかに自分がモチベーションを持てるか、エネルギーをつくり出せるか、を考えたほうがいい。

　射手座生まれの劇作家・寺山修司はこう綴っている。
「明日何が起こるかわかってしまったら、明日まで生きるたのしみがなくなってしまうことだろう。」[*1]

　そう、射手座はわからない明日を楽しむ才能がある。ワクワクしながら、わからないほうに飛び込んでいこう。

13

「理由」や「根拠」
なんかなくていい

「根拠は何?」「それってデータはあるの?」そう聞かれたとき、あなたはなんと答えるだろうか。

はっきりした理由なんてない、とごまかしたり、一応、理由めいたことを口にしながら、心のなかでは「ほんとはそういうことでもないんだよなー」と思っていたり。

それはきっとあなたが射手座だから。

射手座は論理的な理由より、とにかくこれをやりたい、という思いだけで決断することが多い。見えない未来の可能性を察知する野生の勘があるから、ありかなしかを直感で判断してしまう。しかも、その直感力がとても鋭いから、たいてい当たってしまう。

だから、射手座には根拠なんて必要ないし、市場調査や顧客のデータ分析なんて、ばかばかしく感じてしまうのだ。

たとえば、射手座生まれのウォルト・ディズニーは、ディズニーランドをつくった理由について、こう答えたことがある。
『みんな、「なんだってあいつは遊園地なんか作りたいんだ」と首をひねったようですが、僕はちゃんとした理由が思いつかなくて──ただ作りたいと思った、それだけだったんです。』*2

あなたも、理由なんかなくていい。データより、自分の直感に従ったほうが結果を出せる。100の理由より、強い思いのほうが、何倍も大きな力を持っている。あなたの発想や行動力は、マーケティングの結果をひっくり返してしまうエネルギーがある。

もちろん今の時代、何をやるにも根拠やデータを求められるし、判断理由を説明する必要もある。

でも、調べたらすぐわかるようなデータに引きずられても意味はない。データや根拠は後付けで自分を補強するためのものと割り切って、自分が行きたいと思った方向に行けばいい。

14

「やらなきゃ」と
義務感を感じたら
選ばなくていい

もともと、やりたくないことや嫌いなことはやろうとしない射手座。でも、そんなあなたにも周りから「やらなきゃいけない」といわれたり、自分でも「やらなきゃいけないのかな」と焦ってしまうことがある。

　でも、射手座のあなたは、義務感で何かができるタイプじゃない。

　価値観がまったく違うことや趣味じゃないことを、イヤイヤやれるような人間じゃない。

　やりたくないことをやっても、あなたの頭には全然入ってこないし、身につかない。どんどん嫌いになって、見るのも考えるのも嫌になる。義務感だけで中途半端に手を出すと、本当はいつかやれる、好きになれることだったとしても、その可能性までつぶすことになってしまうのだ。

　もっとよくないのは、その結果、自分に自信をなくしてしまいかねないこと。本当は嫌だからやる気が出ないだけなのに、できない自分を責めるようになり、ネガティブな感情がどんどん高まっていく。射手座らしい明るさやポジティブさが失われてしまう。

　だから、やりたくないこと、嫌いなことはやらないほうがいい。

　もちろん、「やりたいこと」を実現するために、「やらなくてはいけないこと」はある。

　でも、やりたいことに、まっしぐらに向かっているときのあなたなら、「やりたくないけど、やらなきゃいけないかな」とかいちいち気にしたりしない。むしろ、「どうやって、やってやろうか」と考えるはず。「やらなきゃいけないかな」と頭をよぎっている時点で、選択肢から除外したほうがいい。

　だから「やらなきゃ」なんて思わなくていい。ただ、「やりたい」にまっすぐ向かっていこう。

15

すべての選択肢を
「総取り」する
「総捨て」する

射手座の守護星である木星は、拡大・発展の星座。豊かさがキーワード。だから、射手座はあらゆるものを手に入れようとする。

　何かを選ぶときもそう。ひとつに絞らなくていいなら、興味のある選択肢はすべて選びたくなる。何かを選んだあとも、他におもしろいものを見つけると、飛びついてしまう。

　周りの人は「収拾がつかなくなる」と心配するけれど、気にしなくていい。確かに、あなたがひとつのバッグだとしたら、詰め込みすぎると張り裂けてしまうかもしれない。だけど、あなたの能力やキャパシティには、バッグみたいな限界はない。

　あなたは、何か興味を持ったことすべてが財産になる。たくさん選べば選ぶほど幅が広がっていく。

　だからもし、いろんなことをやりたくて迷ったら、何も捨てず「総取り」すればいい。目移りしたら寄り道したってかまわない。

　フラメンコ教室に通おうと出かけて、途中の空手教室が気になったなら、空手教室にも行っちゃえばいい。商品開発の途中で別の商品のアイデアが思い浮かんだら、そっちもつくりはじめよう。

　もし、手を広げすぎて、行き詰まったり、混乱したら、今度は一気に「全部」捨ててしまえばいい。

　いちいち吟味して、何かを捨てて何かを残すなんて面倒なことはしなくていい。目の前にある選択肢を「総捨て」してしまおう。

　そのほうが下手な後悔や未練を断ち切れて、ゼロから新しいことを考えることができる。全部捨てて、ゼロの状態になってみれば、射手座のあなたは新鮮でワクワクした気持ちになる。クリエイティブになって、ゼロから新しいものを生み出せる。

　だから、いざとなったら「総取り」か「総捨て」してみてほしい。これまでにないおもしろい何かに出会えるかもしれない。

PERSON

射手座の偉人

5

永遠に完成しない
夢の国を創造

ウォルト・ディズニー
Walt Disney

1901 年 12 月 5 日生まれ
アニメーター、プロデューサー、映画監督

アメリカ出身。幼少期からアートの才能を発揮し、19 歳で初のアニメーションを製作。22 歳のときに兄と立ち上げた会社が、のちのウォルト・ディズニー・カンパニーとなる。1928 年にはミッキーマウスをスクリーンデビューさせ、『蒸気船ウィリー』などの作品で大人気キャラクターに。1955 年にカリフォルニア州に完成したディズニーランドは、大人と子どもが一緒に楽しめる場所をつくりたいという思いを 15 年かけて形にしたもの。

参考「東京ディズニーリゾート」
https://www.tokyodisneyresort.jp/tdr/resort/walt.html

芸術家をも魅了した
エッフェル塔の構造美

ギュスターヴ・エッフェル
Gustave Eiffel

1832 年 12 月 15 日生まれ
技師

パリのエッフェル塔をはじめ、ニューヨークの自由の女神像の鉄骨設計も手掛けた「鉄の魔術師」。フランス・ブルゴーニュの教育熱心な家庭に生まれ、パリの工業高校で学んだのち、鉄道関係の資材会社に就職。当時の最先端であった鉄道建設で画期的な工法を次々と考案し、世界に名を馳せる。フランス革命100周年記念のパリ万国博覧会のシンボルとして建設されたエッフェル塔は、計算し尽くされた構造美でパリの画家たちをも魅了した。

参考「KIRIN ART GALLERY 〜美の巨人たち〜」
https://www.tv-tokyo.co.jp/kyojin_old/data/050319/

「12星座の君へ贈る言葉」シリーズ
発売スケジュール

射手座の君へ贈る言葉
（2023年夏頃予定）

山羊座の君へ贈る言葉
（2023年秋頃予定）

水瓶座の君へ贈る言葉
（2023年冬頃予定）

『12星座の君へ贈る言葉』シリーズ
特設サイトはこちら▶▶

定価1,200円（＋税）　著者　鏡リュウジ
発行・発売　サンクチュアリ出版

読者様限定
プレゼント

「12星座の君へ贈る言葉」
シリーズ

鏡リュウジ：著

メールアドレスを登録するだけ!

特別無料
PDFファイル

著者・鏡リュウジ氏による特典
「星座別のラッキーアイテム」
PDFを無料でお楽しみいただけます。

QRコードかメールアドレスに 空メールを送るだけ

12seiza@sanctuarybooks.jp

★星座別におすすめしたい
　ラッキーアイテムをご紹介
★ダウンロードして、毎日チェックも!

※内容は変更になる可能性がございます。
※メールの件名・本文が空欄のままだと送信エラーになる場合があります。
　その際は"登録希望"など任意の文字を入れて送信してください。

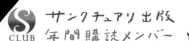
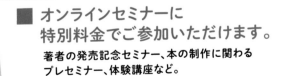
って
本だから
と思っています。
届ける"をモットーに
しでもみなさまの目に

さんだけではなく、編集者や
さん、イラストレーターさん、書店さんなど
められています。そしてその思いが、
ほどのすごい衝撃』を読む人に

はあまり本を読まない
楽しさを忘れちゃった人たち
度「やっぱり本っていいよね」
出してもらいたい。誰かにとって
物』になるような本を、これからも
続けていきたいなって思っています。

クラブS
会員さまのお声

- 読みやすい本ばかりでどの本も面白いです。

- 会費に対して、とてもお得感があります。

- 電子書籍読み放題と、○○にも交換できるのがい

- サイン本もあり、本を普通に購入するよりお得です。

- 来たり来なかった○○付き合う感じが和○よいです。ポスト○○いるとワクワクし○

- 自分では買わないであろう本を読んで新たな発見に出会えました。

- 何が届くかわからないわくわく感。まだハズレがない。

- 本も期待通り面白く、興味深いものと出会えるし、本が届かなくても、クラブS通信を読んでいると楽しい気分になります。

- 読書がより好きに○入しないジャンル○読むことで興味○

- 自分の心を切り○○た。悩みの種が尽きなかったのに、○そうだったのか!!!ってほとんど悩みの種はなくなりました。

カレンの台所

オトナ女子の不調をなくすカラダにいいこと大全

サンクチュアリ出版＝本を読まない人のための出版社

はじめまして。サンクチュアリ出版・広報部の岩田和恵子と申します。

この度は数ある本の中から、私たちの本をお手に取ってくださり、ありがとうございます。

出版社って「何ソレ？？」と思って……って言われても「本を読まない人のためのなので、今からじっくりだけ自己紹介させてください。

ふつう、本を買う時に、出版社の名前を見て決める人って、あまりいませんよね。でも、私たちは「サンクチュアリ出版のそのために、1冊1冊丁寧に作って、丁寧に1冊の本を半年から1年ほどかけて作り触れるように工夫を重ねています。

そうして出来上がった本には、著者営業マン、デザイナーさん、カメラマンいろんな人たちの思いが時には「人生を変えてしまう与えることがあります。

だから、ふだん人にも、読えに、もう

SAGITTARIUS

CHAPTER 4
壁を乗り越えるために

【試練／ピンチ】

あなたの力が本当に試されるのはいつか？
失敗したとき、壁にぶつかったとき、
落ち込んだとき……。
でも、大丈夫。
あなたは、あなたのやり方で、
ピンチから脱出できる。

16

逃げることが
新しい「冒険」の
入口になる

いろいろやってみたけど、どうしても苦境を打開できない。どこにも希望を見出せない。そんなときは、思いきって目の前のものを全部投げ出して、逃げてしまえばいい。

　重荷を背負っているなら捨ててしまおう。そして、今いる場所から離れて旅に出かけよう。別の会社に転職したり、別の学校に転校したり、知らない場所に引っ越しするのもありだ。

　人は「逃げ」だというかもしれないけれど、射手座はしんどいことや苦しいことがあったら、逃げたってかまわない。

　他の星座だったら、背を向けて逃げることに追い目を感じて、マイナスのスパイラルにおちいってしまうかもしれない。

　でも、射手座はそうはならない。逃げることが「新しい冒険」の入口になる。

　なぜなら、射手座の場合、どんなかたちであっても、新たな環境に身を置けば、前を向くエネルギーが湧いてくるから。

　たとえば、もし旅に出たら、見知らぬ文化に触れて触発を受けたり、新しい刺激を受ける。生きる意味を、改めて見つけられることもあるだろう。

　仕事や住む場所を変えれば、新しい人間関係の出会いがあって、自分の新しい可能性に気づけるかもしれない。

　逃げることも、射手座にとっては新しい体験のはじまりなのだ。

　本当の旅じゃなくてもいい。別に部屋に引きこもって心の旅をしたっていい。射手座は、引きこもったからといって、ネガティブ一色にはならない。必ず本を読んだり、映画を観たり、何かを深く考えたりする。そのうち必ず何かに出会うことができる。

　射手座の本質は旅人、人生の冒険者。責任やプライドなんて何も気にせず、堂々と逃げ回ろう。

17

失敗は
「てへぺろ」で
乗り切ろう

射手座にとって、大切なのは切り替えの早さ。大きな障害があってうまくいかないとき、星座によっては最後まで徹底的にやったほうがいい人もいるけれど、射手座は違う。

　うまくいかなそうと思ったら、とっとと撤退したほうがいい。

　無責任でもいい。射手座には独特の直感力があるから、あなたがうまくいかないと思っているなら、たいていはうまくいかない。

　うまくいかなそうと思いながらいつまでもこだわるより、新しい目標や次のチャレンジ、次にやるべきことを探して、向かっていったほうがモチベーションも上がるし、いい結果にもつながる。

　それは何か大きなミスをしたり、失敗という結果が出てしまったとときも同じ。失敗にこだわらずに、頭を切り替えよう。

　周りから顰蹙を買うんじゃないかと心配？

　大丈夫。そういうときは「てへぺろ」で乗り切っちゃえばいい。「てへぺろ」は文字通り「てへ」って舌を出して軽く謝っちゃうこと。あなたは愛嬌があるから、深刻にならずに失敗を認めて謝罪しちゃえば、周りはきっと「しようがないな」と許してくれる。

　あなたの周りにもいないだろうか。失敗しても許され、周りから愛される人。大きなミスも明るい謝罪で通してしまえる人。射手座にはそういうところがある。

　なぜって？　それは何より、あなた自身が自分を許しているからだ。過去の失敗からの後悔や罪悪感を引きずらないことが周囲への空気をも変えてゆく。潔く失敗を認め謝ったら未来に目を向けよう。

　あなたが早く頭を切り替えて、みんなを新しいことに巻き込んでいけば、過去の失敗なんてすぐに忘れさせることができる。あなた自身が過去を水に流すことで周囲もまた未来に向かうのだ。

18

「ひとり」に戻っても
平気なことを思い出す

射手座のあなたが前に進めないと感じているとしたら、たぶん、気持ちが「守り」に入っているからではないか。今あるものを失ったり、今の状態が壊れてしまうのが怖くて、身動きが取れなくなっているのではないか。

　挑戦する気持ちが射手座の生命線。本来、ピンチであればあるほど燃えるはずなのに、今持っているものを失いたくないという気持ちがあると、怖さや不安が先に立ってしまう。

　でも、そういうときは思い出してほしい。射手座はたったひとりからはじめることのできる星座であることを。

　今は、いろんな人とつながって、いろんなものを手に入れているけれど、あなたはかつて、ひとりで立ち上がり、ひとりで何かに打ち込み、ひとりで困難を乗り越えてきた経験があるはずだ。何かを失うことや誰も理解してくれない孤独を恐れず、突き進んでいた経験がある。

　そのときの魂は、今も損なわれていない。

　ピンチで苦しくなったり、前に進めないと思ったときは「あのときみたいにひとりに戻ればいい」と考えてみよう。何もなくなって、ゼロからひとりで何ができるか想像してみればいい。

　ひとりでもこれができる、あれができる。むしろ、これをやりたい、あれをやりたいということが湧き上がってくるはずだ。

　もしそれが想像できないなら、一度引きこもって、今いる人たちと連絡をシャットダウンしてみよう。

　きっと平気だし、これからもひとりでもやれることがあると気づく。手に入れたものやしがらみのせいで見えなくなっていた新しい目標が見えてくるかもしれない。

　大切なのは、自分がひとりに強いということを思い出すこと。そうすれば射手座に怖いものなんてない。

19

ピンチを
「イベント」にしよう

どんなに前向きで楽観的な射手座でも、痛みは感じる。失恋したり、仕事や受験で失敗したり、挫折したら、落ち込んでしまうことはある。

　でも、射手座はその痛みを誰も真似できない方法で乗り越えることができる。

　それは、失敗したこと、落ち込んだこと、傷ついた経験と、それを克服するプロセスを「イベント」化してしまうこと。

　射手座は、過去のことより、刺激のある非日常や新しい展開への楽しみや期待のほうが強い。そのワクワク感を利用して、過去の痛みを乗り越えるのだ。

　もしかしたら、あなたはこれまでも、自分の失敗を笑いやネタにしてきた経験があるのではないか。だったら、それをもっと徹底して、派手に表現してしまえばいい。

　たとえば、離婚や失恋をしたなら、離婚パーティーや失恋記念パーティーを開こう。

　その企画や準備をしている間に、なんだか楽しくなってきて離婚も失恋もどうでもいいことに思えてきてしまう。

　また、仕事がうまくいかなくなって会社をクビになったなら、そのことをネタにした「無職日記」をSNSで発信してみる。それを書くことやみんなの反応を見ることで、挫折感も消えてしまうかもしれない。

　とんでもないことをやらかして、知りあいや周りの人間の顰蹙を買ったなら、みんなから責められるような会を自ら主催してしまうのもアリだ。

　そうやってイベント化していけば、知らず知らずのうちに痛みが消えて、新しい未来に前向きになっていくだろう。

SAGITTARIUS

20

絶望の先に行って
「明るい自分」に
出会う

「もうダメだ」「死んだほうがマシだ」……絶望的な気持ちになったとき、多くの人はそれが一番心の奥にある本物の感情だと考えがちだ。表向きは明るく振る舞っていたけれど、自分は根っこにこんな暗い感情を抱えていたのか、と。

　でも、射手座の場合、それは勘違いだ。絶望しているときは、むしろ、思いや感情が浅いところにとどまっていることが多い。

　なぜなら、射手座の心の一番奥深いところには、明るい輝きを放つ希望しかないから。自分のなかの一番奥深いところに、楽観的な自分がいるから。

　絶望しているときは、そこを見ようとしないで、表面的なレベルで「もうダメだ」と思っているだけ。トンネルのなかで足元しか見ていないと真っ暗だけど、遠くを見ると必ず光がある。

　だから、落ち込んだときは、絶望のさらに向こうに行こう。どうして絶望しているのか、もっと突き詰めて考えていい。もがいていると、希望を忘れない自分が戻ってくる。

　射手座生まれの作曲家ベートーベンは、音楽家として致命的ともいえる難聴が悪化し、人間関係でも孤立。絶望して死を考え、弟たちに宛てて遺書をしたためたことがある。しかし、遺書に音楽の素晴らしさを書いているうちに、逆に音楽の歓び、自分の生きる意味に気がつき、死ぬのをやめ、数多くの名曲を残した。

　苦しいことや辛いことがあって絶望したときは、あなたもベートーベンのように、自分のマイナスの感情と格闘してみよう。

　試しに、自分の思いのたけをぶつける遺書を書いてみてもいい。

　射手座の場合はネガティブな感情を助長することにはならない。きっと、生きる希望が見えてくる。自分が人生で本当に求めていることがわかってくるはずだ。

経営の神様は
何もないがゆえに生まれた

松下幸之助

Konosuke Matsushita

1894 年 11 月 27 日生まれ
実業家

世界的企業パナソニックを一代で築き上げた「経営の神様」。和歌山県の資産家の家系に生まれたが、4 歳のときに父が米相場で失敗して破産。9 歳で大阪へ丁稚奉公に出たのち、「電気」に将来性を感じて大阪電灯（現：関西電力）に入社。自ら考案した電球ソケットの事業化を目指し、23 歳で松下電気器具製作所を創業する。財産、学歴、健康、家族、何もない状況をプラスにとらえて経営者として邁進し、PHP 研究所や松下政経塾も創立した。

参考「松下幸之助 .com」
https://konosuke-matsushita.com/biography/

SAGITTARIUS

PERSON
射手座の偉人
8

夢を追い続ける者だけが
辿り着ける場所

羽生結弦
Yuzuru Hanyu

1994 年 12 月 7 日生まれ
フィギュアスケーター

4歳でスケートをはじめ、数々の大会で好成績を残す。高校時代に東日本大震災で被災し、練習拠点のリンクも営業休止を余儀なくされたが、拠点を変えて練習を再開。2012 年の世界選手権で初出場ながら銅メダル、ソチオリンピックでは日本の男子シングルで初の金メダルを獲得。平昌オリンピックでは連覇を果たした。世界初の 4 回転アクセルと認定された北京オリンピックを夢を追い続けたことを証明できた場と語り、現在はプロとして活躍。

参考「NHK」
https://www3.nhk.or.jp/news/special/beijing2022/athletes-profile/06/05/

SAGITTARIUS

CHAPTER 5

出会い、
つながるために

【人間関係／恋愛】
あなたが愛すべき人はどんな人か？
あなたのことをわかってくれるのは誰？
あなたがあなたらしくいられる人、
あなたを成長させてくれる人。
彼らとより心地いい関係を結ぶには？

SAGITTARIUS

21

「その場その場」の
関係で世界を広げる

射手座は未知のものに惹かれる星座。人間関係でも、はじめ
ての人に会うと、心が動く。とくに、今まで出会ったことのないタイ
プの人に出会うと、テンションが上がる。
　一方で、関係を長続きさせたり、深めることは苦手。同じひと
りの人と長くつきあい続けていると、退屈だと思ってしまう。
　なかには、それがコンプレックスになっている人もいるかもし
れない。自分は人と「その場かぎりの関係」しか持てない、と。
　でもそんなことは気にしなくていい。射手座の場合は、つきあ
いの長さや深さじゃない。短期間のつきあいだったとしても、あ
なたはその相手から大きな刺激や感情を受け取って、自分の糧
にすることができるし、自分の可能性を広げていくことができる。
　相手もあなたと出会うことで、新しい世界とつながれる。
　だから、「その場かぎりの関係」をどんどん重ねていけばいい。
　転校生や新入社員に真っ先に声をかける。見知らぬ土地の人
と仲良くなる。知らない人同士の集まり、自分がいるクラスタと
違うグループ、SNSを通じてどんどん出会いを広げていく。
「1回しか会ったことがないから」と遠慮する必要はない。
　会いたくなったり、話が聞きたくなったり、協力したいことがで
きれば、当たり前の顔で、連絡すればいい。
　少数の人と深い信頼関係を築いていくのもいいことではあるけ
ど、自由な精神が何より大切なあなたの場合は、ひとつのコミュ
ニティやある関係に縛られると、自由な発想やあなたらしさが奪
われてしまうことがある。
　ポイントは、その場かぎりかどうかじゃなくて、新しくて濃密
な関係をつねに意識すること。そうすれば、あなたの人間関係
は豊かなものになるし、充実した人生になるだろう。

22

「冷静な目」を持つ人を そばに置く

射手座に一番必要な人。それは、あなたのことが大好きなのに、あなたに対して「冷静な視点」を持っている人ではないだろうか。

　射手座は自信家。これをやろうと決めたら、「成功できる」「うまくいく」と信じて、ひとりで突っ走っていく。

　何かをはじめるとき、そのメンタリティはすごくエネルギーになるけれど、問題はうまくいったあと。自信過剰になって、思いがどんどんエスカレートして、冷静で客観的な視点を失い、暴走してしまうことが多い。たとえば、事業の立ち上げに大成功したのに、調子に乗って手を広げすぎて、失敗してしまったり。

　かといって、「冷静な視点」を射手座自身に求めると、その良さをなくしてしまうことになりかねない。

　だから、自分のかわりに「冷静な目」を持った人をそばに置こう。あなたの魅力だけでなく、あなたの欠点もわかっていて、あなたが暴走したときは体を張って止めてくれる人。

　実際、射手座の成功者には冷静な参謀がいる人が多い。射手座の有名なアーティストにも、優秀なマネージャーがついている。

　どうやったら、そんな人を見つけられるかって？

　大丈夫。たぶん、あなたの周りにその人はもういるはず。あなたは魅力的だから、あなたのことが大好きな、ファンのような人が自然と周りに集まっているはず。そのなかで、冷静にあなたに苦言を呈してくれる人がいたら、注目して、耳を傾けてみよう。

　イメージだけであなたのことが好きな人は、あなたが失敗すると勝手に幻滅して去っていく。でも、あなたのファンでありながら、きちんと欠点を指摘してくれる人は、最後まであなたの味方になってくれる。あなたをさらに魅力的にしてくれる。

　そういう人に出会えれば、あなたの未来は必ず輝くだろう。

23

あえて
「手の届かない」
相手に恋をする

ここではないどこかに向かおうとする射手座。恋愛でも、目の前のつきあえる可能性が高い相手や、あなたを好きといってくれる人より、手の届かない相手に強く魅かれてしまう。

　周りは身の程を知れ、そばにある幸せに気づけ、とよくいうけれど、射手座はそれでいい。何かに向かっていくときのプロセスによろこびを感じるあなたは、簡単に手に入ってしまうとすぐに冷めてしまう。むしろ、はるか遠くにいる人に手を伸ばすことが力になるし、成長にもつながる。

　射手座にとっては恋も、安定や安らぎではなく、新しい価値観、新しい発見をもたらしてくれるものなのだ。

　だから、つねに自分を刺激してくれるような、無理めな相手に恋し続けよう。自分よりもものすごく能力が高くて尊敬できる人。みんなが振り返るくらいの吸引力を持つ人。いろんな障害やリスクのある相手。つきあってもずっと謎がある神秘的な人。そういう人を好きになってこそ、あなたは成長する。

　なかには、芸能人やアーティスト、本当に手の届かない相手に恋して、本気で追いかけていく人もいるけれど、それもあり。有名人の追っかけには、たんなる代償行為だったり自己愛の変形だったりする人も多いけれど、射手座は違う。相手のレベルが高ければ高いほどそれに合わせて自分のレベルも上がってゆく。

　その結果、ファンから本当に結婚してしまうケースもたまにあるし、そこまではいかなくても、自分もアーティストや表現者になったり、同じ業界に足を踏み入れる人が多い。

　ずっと遠くを見つめること。それは射手座にとって、モチベーションやエネルギーの源だ。ただの「憧れ」や「勘違い」だと笑われても、その気持ちを大事にしよう。

24

同じ相手の
「新しさ」を発見する

射手座の守護星である木星の神・ゼウスといえば、浮気者で有名。神様、人間、手当たり次第に関係を持ったと伝えられている。

　そのせいか、射手座も浮気性の面がある。新しい人にどんどん興味が移って、恋人がしょっちゅう変わっている人も少なくない。

　それは必ずしも悪いことではないけれど、人は同じ相手と長く関係を続けることではじめて得られるものがある。射手座だって、ひとりの人と深い絆を持ち続けたいと思うこともあるはずだ。

　でも、そのためには、どうすればいいんだろう。

　新しいもの好きの射手座の場合は、同じ相手に「新しさ」を見出すことを心がけるといい。

　あなたの知っている相手はほんの一部にすぎない。そして、人はどんどん変わっていく。だから「こんな一面があったのか」「あれ、前と全然違う」という発見の機会を増やしてみよう。

　相手が新しい仕事や趣味をはじめたら、その向き合い方に注目してみる。今まで気づかなかった癖や習慣がないか、目を凝らす。ちょっとしたアクシデントが起きたときのリアクションを観察する。

　きっと、相手の違う一面、微妙な変化に気づいて、相手への認識が変わってくる。意外に頼りがいがあると感じたり、リスペクトできるようになったり。新しい魅力がどんどん増えてくる。

　すると、ふたりの関係も新しいものに変わってゆく。それまで一方が支配的だったのが、対等になったり、性的な関係だけでなく親友のようになんでも話せる関係に発展したり。

　相手の変化、新しい魅力を発見して、刺激的な関係を築いていけば、射手座だって、ひとりの人を長く愛し続けることができる。それだけじゃない。同じもののなかに「新しさ」を見出せるようになれば、射手座の魂はより成長していくはずだ。

25

これから
あなたが「愛すべき」人
あなたを「愛してくれる」人

あなたとの「違い」がたくさんある人

　恋愛相手やパートナーは、価値観の同じ人がいいとよくいわれるが、射手座のあなたが愛すべきは「違い」。自分から遠ければ遠いほど、違いが多ければ多いほどいい。違う趣味のある人。価値観が違う人。文化やルーツの違う人。そういう人と焦らずのんびり関係を深めていくと、刺激を受けてあなた自身も成長できる。

心の奥が「響き」あい、一緒に何かを共有したいと思う人

　射手座には、外見も性格も好みじゃないのに、強く魅かれてしまう人がいる。直感力があるから「心の奥」で響きあえる人を感じとれるのだ。そういう人を探すための鍵は、一緒に何かを共有したい、生み出したいという気持ちが湧いてくるかどうか。そういう感覚が持てたら、その人は運命の相手かもしれない。

あなたの心の奥の「痛み」をわかってくれる人

　悩みとかなさそうだねといわれがちな射手座。だけど、射手座は深いところで言葉にならない痛み、孤独を抱えている。その孤独を理解してくれる人がいい。あなたの心に立ち入らないけど、そばにいてくれる人。何もいわず、寝転がって一緒に空を眺めてくれるような人。それがあなたを本当に愛してくれる人だ。

SAGITTARIUS

PERSON
射手座の偉人

9

男女平等を望んだ
幕末のジャンヌ・ダルク

新島八重
Yae Niijima

1845 年 12 月 1 日生まれ
教育者

同志社創立者・新島襄の妻で、2013 年の大河ドラマ『八重の桜』
の主人公。会津に生まれ、会津戊辰戦争の折には断髪・男装し
てスペンサー銃を手に奮戦した。26 歳で上洛し、女性に裁縫や
手芸を教える教育機関で働くなか、アメリカ帰りのキリスト教準宣
教師・新島襄と出会い結婚。男女平等の社会を望む振る舞いか
ら世間に「悪妻」といわれながらも、同志社の運営を力強く支えた。
夫の死後は篤志看護婦となり、日清・日露戦争で看護に従事した。

参考「同志社大学」
https://www.doshisha.ac.jp/yae/about/yae.html

ロダンを虜にした
才能と美貌

カミーユ・クローデル

Camille Claudel

1864 年 12 月 8 日生まれ

彫刻家

19 世紀フランスで存在感を放った彫刻家。20 歳以上年上の彫
刻家オーギュスト・ロダンの弟子、そして愛人として、長年にわた
り蜜月の関係を続けた。関係に終止符が打たれてからは、自立
した彫刻家として精力的に活動したが、次第に精神のバランス
を崩してしまう。自身の三角関係を赤裸々に表現した『分別盛り』、
葛飾北斎の『神奈川沖浪裏』を思わせる『波』など、作品からは
ロダンの影響を超えた彼女独自の豊かな才能が垣間見える。

参考「静岡県立美術館　デジタルアーカイブ」
https://jmapps.ne.jp/spmoa/sakka_det.html?list_count=10&person_id=35

SAGITTARIUS

CHAPTER 6

自分をもっと
成長させるために

【心がけ／ルール】

自分らしさってなんだろう？
誰もが、もって生まれたものがある。
でも、大人になるうちに、
本来の自分を失ってはいないか。
本来もっているはずの自分を発揮するために、
大切にするべきことは？

26

毎日、自分に
「What's new?」と
問いかける

何度もいってきたように、射手座は「新しさ」が生命線。未知のものに出会う。珍しいこと、今までにないおもしろいことを体験する。そのことで元気が出て、成長していける。

　でも、新しいことやおもしろいことなんて、そうしょっちゅう起きるわけじゃないし……そう反論する人もいるかもしれない。

　でも、そんなことはない。目を凝らせば、日常のあちこちに、必ず昨日と違う新しい何か、見たことのない景色や会ったことのない人、やったことのない体験、あなたがワクワクするおもしろいものが散りばめられている。いつも通る道で見たことない花が咲いていた、同僚の知らなかった一面を知った、取り組んでいる仕事で前はできなかったことができるようになった……。

　小さくてもいいから、新しいことに気づくために、毎日1日の終わりに、今日何か新しいことがなかったか、振り返ってみよう。

　英語のあいさつで「What's new?」という言葉がある。「最近どう?」みたいな軽いあいさつだが、それを、「何か新しいことあった?」と直訳し、自分に投げかけてみる。

　そして毎日必ずひとつは何かあげられるようにしよう。それを習慣にしていけば、自然と新しいものに着目できるようになる。

　新しいことがないときは、新しいことをわざわざ探してやってみるのもいい。新しい習い事をする、行ったことのないイベントに出かける。いつもと違う電車に乗ってみる、いつもと違う道を歩いてみる、同僚と今までしたことのなかった話をしてみる。

　そういうささやかなことがきっかけで、本当に新しくておもしろい体験ができるかもしれない。

　さあ、今夜からさっそく「What's new?」と問いかけてほしい。その言葉がきっとあなたを新しい未来に連れて行ってくれる。

27

好奇心で
「日常生活」の質を
上げる

刺激を求めて飛び回っている射手座は、日常生活をおろそかにしがち。食事や睡眠も不規則で、その結果、体を壊したり、ストレスで精神に不調をきたすこともある。

　あなたの情熱や行動力を活かすためにも、これからは、普段の生活に気を配って、クオリティを上げていく必要がある。

　ただ、射手座は地道な生活習慣をコツコツ続けていくのが苦手。頭では規則正しい生活が必要とわかっていても、なかなかそれを守ることができない。

　だったら、射手座特有の好奇心や探究心を使ってみたらどうだろう。好奇心を刺激するような新しい情報をどんどん取り入れることで、日常生活への関心を高めていくのだ。

　たとえば、おもしろい料理動画を見たり、最新の料理家電の情報を収集していると、食に興味を持つようになる。健康や美容も同じ、SNSやネットで最新の情報を逐一チェックして、おもしろそうなものを試していると、何が健康にいいのか、いつも意識するようになる。

　射手座は探究心があるから、さらに深く勉強して、専門家のレベルまで食や健康を追求することもできる。発酵食品や無農薬野菜を自分でつくるようになったり、ピラティス、筋トレなどで、インストラクター並みのスキルや知識を身につけたり。ヨガやハーブなど、背景にある歴史や文化を研究するのもいい。

　射手座は、日常をほったらかしにしてやみくもに動き回るだけではない。好奇心と探究心をうまく使って、食や健康に関することへ意識を向ければ、ワクワクしながら、自然と生活が整えられていく。刺激的で冒険の多い人生と、規則正しい健やかな生活を両立することができるはずだ。

28

あえて
「アウェイ」な場所に
出かけていく

「ホーム」と「アウェイ」を比べたら、多くの人は当然、ホームのほうが安心する。「アウェイはなるべく避けて、ホームにいたい」と思うだろう。

　でも、射手座はそうじゃない。むしろ「アウェイ」でこそ力を発揮する。

　未知のものにワクワクして、まっさらなところで、たったひとりで何かを生み出せる射手座は、過去の業績とか評価とかが何もないところのほうが清々しくて、素の自分に戻れる。

「勝って当然」というプレッシャーのかかる「ホーム」より、「負けてもともと」と思える「アウェイ」のほうがリラックスして果敢にチャレンジできる。「アウェイ」は、射手座にとって冒険や挑戦の格好の場所なのだ。

　だからあなたも、できるだけ「アウェイ」に行こう。誰もあなたのことを知らない場所、誰もあなたに協力してくれない分野、あなたと同じ属性の人がいない環境。あなたが若手ならベテランだらけ。デジタルが得意ならアナログな場所、陽気な性格なら内気な人たちがいる場所、文化系なら体育会系のところ。

　なんなら、明らかに敵と思う人、あなたを嫌っている人、競合している相手がたくさんいる場所に飛び込むのもありだ。

　そういう人たちと、緊張感のなかで渡りあって、説得したり喧嘩したりすることで、あなたの能力や魅力が引き出される。いつの間にか、ライバルや敵とも、いい関係が持てるようになる。異質なもの同士の出会いによって、予想もつかない化学反応が起きて、一緒に新しいものを生み出すことも可能になる。

「アウェイ」が得意というのは、射手座だけが持っている素晴らしい特性。それを活かして成長と飛躍につなげてほしい。

29

手持ちの
「武器」を増やす

新しいことに挑み続ける射手座。でも、冒険には必ず困難がつきまとう。道なき道を切り拓かなければいけないし、予想もしなかった危機におちいったり、大きな壁が立ちはだかったり、得体の知れない怪物が現れることもある。

　そうした困難を乗り越えるには、やはり「武器」が必要だ。

　海外に行くならその国の言葉を知っていたほうがいいし、新しいビジネスを立ち上げるなら最先端のテクノロジーやマネジメントの知識を持っていると有利だ。お店を開くなら料理のスキルや、経理などの知識があればすごく役に立つ。

「武器」は直接、何かをするためのものでなくていい。まだ目標が定まっていない人は、外国語、プログラミング、話し方、デザイン、文章力、写真などの技術を身につけておけば、何をするにも助けになるだろう。

　いや、射手座の場合はまったく役に立たない「特殊な武器」でもかまわない。あるゲームだけめちゃくちゃ強い。癖のある字を書く。カラオケがうまい。どこにでもあるパッケージを使って工作をつくれる。いろんなカエルの絵が描ける。昔のアーティストに詳しい。最新ガジェットはすぐ試す。やたらゴシップが好き。

　射手座は何をやる場合も普通の人と同じことをやらないから、こうした特殊な体験や特技が「武器」になる。

　ポイントは、ただ漫然と身につけるのでなく、これが「武器」になる、自分の血肉になると意識すること。「武器」はそれが「武器」だと自覚しないと、使えない。

　目標は持っていなくてもいいから、手持ちの「武器」を意識して増やしていこう。そうすれば、新たな目標、自分の可能性も見えてくる。

30

「ターゲット」を
どんどん変えていく

射手座は矢だ。いったん目標が決まったら、ものすごいスピードで一直線に進んでいく。

　ただし、射手座にとって大事なのは、的に当てるより、飛んでいること。的に当たっても止まったら、射手座らしさが失われる。

　だから、もし的に当たったら、ひとつの目標が叶ったら、すぐまた次の的に向かって矢を放とう。成功した余韻にひたったり、成果を自慢するんじゃなくて、すぐに次の目標に踏み出すんだ。

　たとえば、もっと遠くの的を考える。100だった目標を達成したら、次は300。たとえば、毎日ジョギング3キロに慣れたら、明日から5キロに設定する。SNSでフォロワー1万人を達成したら、次は3万人を目指す。外国語の日常会話をマスターしたら、次は仕事で使えるレベルに目標を上げる。前よりも遠く、前よりも高く設定していけば、どんどん成長していける。

　新しい目標を設定するのもありだ。英語をマスターしたら、次は韓国語のマスターを目指す。目標の山登りを制覇したら、今度はダイビングに出かける。料理の腕をあげたら、食器づくりにチャレンジする。勉強で目標を達成したら、部活でも目標を設定する。仕事で成功しているなら、趣味や家事でも目標を立ててみる。

　目標が同じでも相手や対象を変えるのもひとつの手だ。上司にアピールしていたのを、部下や後輩にアピールする。若い人に受け入れられたいと思って発信していて達成されたら、高齢者もターゲットにしてみる。国内から海外にターゲットを広げる。

　とにかく目標を新しくしていく。目指しているもの、届けたい相手、自分の視線の先を新しくすること。新しいものに自分の視線を向けること。そうすれば、あなたは矢になって、またものすごいスピードで飛んでゆける。

好奇心をつらぬいた
虫の詩人

ジャン＝アンリ・ファーブル
Jan-Henri Fabre

1823 年 12 月 21 日生まれ
博物学者

南フランスの自然豊かな山地に生まれる。経済的に貧しく、肉体労働でその日暮らしをする少年時代を過ごしたが、元来持っていた学問への情熱と才能で奨学生となり、卒業後は教師に。子どもがハチの巣から蜜をとる姿を見て昆虫の生態に興味を持ち、専門だった数学や物理学から博物学の道へ進む。経済的困窮は生涯続いたものの、多くの賞や勲章を授かり、日本でも有名な『昆虫記』を残した。中世の南フランスの方言・オック語の詩人でもある。

参考「NPO 日本アンリ・ファーブル会」
http://www.fabre.jp/j_h_fabre.html

SAGITTARIUS
PERSON
射手座の偉人
12

スヌーピーと仲間たちを
生涯描き続けた

チャールズ・モンロー・シュルツ
Charles Monroe Schulz

1922 年 11 月 26 日生まれ
漫画家

アメリカ出身。物心ついた頃から犬が家族の一員だった。幼少期から漫画家を志し、愛犬のイラストを投稿して人気漫画連載に掲載されたことも。第二次世界大戦での出征後、漫画の講師として働きながら作品の投稿を続け、24 歳のときに『ピーナッツ』の原型となった漫画が新聞に掲載。登場キャラクターであるスヌーピーやチャーリー・ブラウンは次第に人気者となり、商品化やアニメ化をはじめ、ピーク時には世界の新聞 2,600 紙で掲載された。

参考「SNOOPY MUSEUM TOKYO」
https://snoopymuseum.tokyo/s/smt/page/schulz100_1?ima=0000

SAGITTARIUS

CHAPTER 7

新しい世界を
生きていくために

【未来／課題／新しい自分】

射手座は、これからの時代をどう生きていくのか。
変わっていく新しい世界で、
未来のあなたがより輝くために、
より豊かな人生を生きていくために、
射手座が新しい自分に出会うために、
大切なこと。

SAGITTARIUS

31

「曲がり角」を
楽しもう

時代は大きな曲がり角にさしかかっている——最近、そんなセリフがあちこちから聞こえてくる。

　確かに、AIの登場や自然環境の悪化、社会の流動化で、人々の生活や価値観、仕事のあり方までが大きく変わり、多くの人は、「これからいったい、何が起きるのか」と不安を抱いている。

　でも、射手座にとって、先の見えない「曲がり角」は、そんなに悪いものじゃない。

　明るくて想像力豊かな少女を描いた名作『赤毛のアン』の作者・モンゴメリは射手座の生まれだが、同作には、主人公・アンのこんな言葉が出てくる。

「曲がり角をまがったさきになにがあるのかは、わからないの。でも、きっといちばんよいものにちがいないと思うの。」*3

　射手座もアンと同じ、「曲がり角」を楽しむことができる星座だ。

　楽しむだけじゃない。射手座は、先の見えない状況に直面したときにこそ、その能力が大きく開花する。ただでさえ鋭い直感力がさらに冴えわたり、新しい事態に対応するためのアイデアが次から次へと湧いてくる。さまざまなアプローチ、方法を駆使して、大きな変化や想定外の事態を軽々と乗り越えていける。

　それは、「時代の曲がり角」のような大きなことでなく、もっと個人的な「曲がり角」でも同じだ。射手座には、進学や転職、結婚といった人生の転機で一気に飛躍し、成功をつかむ人が多い。

　ただ、そのために必要なのは、「曲がり角」を楽しむ気持ち。

　アンのように、「この先にあるのはきっと良いものにちがいない」と、ワクワクしながら、曲がり角に飛び込んでいこう。そうすれば、本当に素敵なことが待っている。どんな時代が来ようと、きっと素晴らしい人生になる。

32

精神の奥深くに
冒険して
「痛み」を癒す

これまで何度も語ってきたように、射手座は行動的で、「冒険」が大好き。見知らぬ場所に出かけたり、これまでやったことのないものにチャレンジすると、ワクワクしてくる。

　でも、射手座の冒険の先は、刺激的な外の世界だけじゃない。

　射手座は、「精神」の冒険ができる。俗世界を超越して、自分の心の奥深くに分け入っていく力を持っている。

　射手座出身の画家、パウル・クレーは「芸術とは、見えないものを見えるようにするもの」と語ったことがあるが、射手座は、まさに、見えないものを見る力がある。

　これからは、その力を鍛えて、精神の冒険に出かけてみよう。

　ただし、その目的は霊感や予言のようなオカルティックな力を持つことじゃない。自分の奥底に眠る「痛み」を癒すこと。

　射手座には秘められた二重性がある。楽天的でポジティブな一方で、他人に見せない、自分でも気づいていない「内なる傷」を抱えている。それは個人的なものでなく、普遍的なもの。今が永遠でないこと、人は結局ひとりであることを魂の深いところで理解しているがゆえの「痛み」と「孤独」。

　自分の心の奥に分け入って、その「痛み」と「孤独」を見つけ、癒していこう。

　難しく考える必要はない。本物の音楽や芸術を鑑賞し、名作といわれる文学作品を読み、哲学や心理学のような学問を学ぶ……。旺盛な探求のエネルギーを「自分の内側」に向けていけば、射手座には、必ずその「内なる傷」の正体がわかってくる。「痛み」に寄り添えるようになって、自分にも他人にもより優しくなれる。

　射手座の健やかさ、明るさはそのままで、「深み」を身につけ、今まで以上に周りからリスペクトされるようになるだろう。

33

あなたの「妄想」は
現実になる

おもしろいことが大好きで、アイデアが次々と湧いてくる射手座。ただ、射手座のアイデアはユニークすぎて「現実的じゃない」といわれることが多い。

　確かに、射手座の発想の源は「直感」なので、"課題を洗い出して解決策を考える"といったロジカルなアプローチはしない。唐突に突き抜けたことを思いつき、おもしろいと思ったら、現実の状況や自然の法則さえ無視してしまう。

　あなたも、突拍子もないアイデアを口にして、友だちに「それは妄想だよ」と笑われたことがあるのではないだろうか。

　でも、射手座のアイデアが「妄想」だったのは、過去の話。

　テクノロジーが劇的に進化し、イノベーションが次々に起きている時代、自然の法則にさからうような「妄想」を本当に実現させることが可能になった。

　それどころか、競争が激しくなって情報があふれているため、ロジックで導き出せる常識的なアイデアは徐々に通用しなくなり、射手座的な突拍子もない「妄想」のほうが成功を生むようになっている。今、生活やビジネスのありようを一変させている革命的な商品やサービスは、理詰めでなく、ひとりの起業家のぶっ飛んだ発想からはじまったものが多い。

　だから、射手座のあなたは自分の持ち味である「妄想」を今まで以上に大切にしたほうがいい。そして、「妄想」を「妄想」のまま終わらせないこと。現実にはありえないアイデアを現実にするために何が必要か、を本気で考える。テクノロジーやビジネスの情報をかき集め、空想を実現可能なアイデアに昇華させていく。

　繰り返すが、これからはそれができる時代だ。射手座らしく、ぶっ飛んだ妄想を実現して、世界をもっとおもしろくしていこう。

SAGITTARIUS

34

「拡大の欲望」から
本当の目的へ

拡大の星・木星を守護星とする射手座は、もっと多くのものを手に入れたい、もっと広げたいとつねに考えている。そのとめどない欲望が、射手座が何かを生み出す原動力になっている。

　でも、増殖と拡大には限界がある。自分の欲望のままに突っ走っていたら、いつか周囲の反感を買い、穏やかな環境を壊し、衝突を生んでしまう。ほころびが生じて、バブルがはじけるようにすべてを失ってしまう可能性だってある。

　限界を知り、止まらない欲望とどうつきあっていくか、それが射手座のこれからの課題だ。

　でも、単純に「節度を知れ」と言い聞かせても効果はない。必要なのは、欲望を抑えるより、自分が本当に求めているものを知ること。

　射手座は純粋な気持ちではじめたことが、いつの間にか、拡大自体を目的にしてしまう傾向がある。たとえば、ユニークなアイデアを具体化したいと思って会社をつくったのに、M&Aなどで、やみくもに会社を大きくすることだけを考えるようになったり。

　だから、いったん原点に戻ってみよう。はじめたときの純粋でシンプルな気持ちを思い出してみよう。

　それを思い出したら、本当の自分の目的、自分らしさに合ったものだけをやっていこう。それ以外のことはどんどん捨てたっていい。服が大好きでも、買い漁っているうちにクローゼットがパンパンになっているなら、本当に自分に似合っている服、自分らしい服だけを残して処分してしまおう。

　射手座はただやみくもに拡大したいだけの人ではない。あなたには、本当の目的があるはずだ。その本当の目的に気がついたときに、射手座の新しいステージがはじまる。

SAGITTARIUS

35

「ワクワク」を
みんなに伝えて
道を照らす

射手座は「ひとりで突き進む」イメージが強い。矢が的に向かってまっしぐらに飛ぶように、目標を見つけたら、周りなんて関係ないし、後ろを振り返ったりしない。冒険の旅に出かけるときも、たったひとりで行きたいところに出かけていく。

　それでも、あなたには魅力があるから、周りの人たちが勝手についてくる。「ひとりでやる」覚悟は、あなたを孤独になんてしない。あなたに力を与えてくれるのだ。

　でもこれからは、すこしずつ「他者に伝える」ことを心がけてもいいかもしれない。

　射手座のモデルである賢者・ケイローンは教育者でもあった。あなたにも、人に「伝える」「教える」力があるし、他者を意識することで、あなたも大きく成長してゆける。

　一緒に何かをつくろうとする必要はない。今まで通りひとりで挑戦すればいい。そのかわり、見知らぬ場所で発見したおもしろいもの、ワクワクしたこと、深く探究したことを、できるだけたくさんの人に伝え、あなたの体験を共有させてあげてほしい。

　みんながみんな、あなたのように未知なものに向かう勇気があるわけじゃない。今の時代はむしろ、変化に翻弄されて不安を募らせている人のほうが多い。だから、あなたがかわりに新しい場所に出かけ、そういう人たちに、この先に何があるかを教えてあげよう。これからの道を照らし、勇気を与えていこう。

　あなたが自分の挑戦や体験を広く伝えようとすることは、みんなを助けるだけじゃない。あなた自身も人に伝え、教えることで、自分のやろうとしていることの深い意味がわかってくる。そして、あなたが大きなことを成し遂げたいと思ったとき、これまでの何倍もの人があなたに協力してくれるようになるだろう。

SAGITTARIUS

PERSON
射手座の偉人

13

独自の発想で
ワクワクを世界中へ

藤子・F・不二雄
Fujiko・F・Fujio

1933 年 12 月 1 日生まれ
漫画家

富山県に生まれ、手塚治虫に憧れて漫画家を目指す。漫画を合作していた幼なじみの安孫子素雄とともに 20 歳で上京し、トキワ荘に住みながら「藤子不二雄」として活動。豊かな発想力で『オバケの Q 太郎』『パーマン』『ドラえもん』などヒット作を連発した。1987 年のコンビ解消後は『大長編ドラえもん』を中心に執筆を続け、世界中で翻訳される大人気作品に。没後には憧れの巨匠の名を冠する「第 1 回 手塚治虫文化賞 マンガ大賞」を受賞した。

参考「ドラえもんチャンネル」
https://dora-world.com/profile

SAGITTARIUS

AIM FOR THE TARGET YOU CAN'T YET SEE.

EPILOGUE

射手座が後悔なく生きるために

射手座が一歩を踏み出すために、
やりたいことを見つけるために、
迷いを吹っ切るために、
自分に自信を持つために、
新しい自分に変わるための指針。

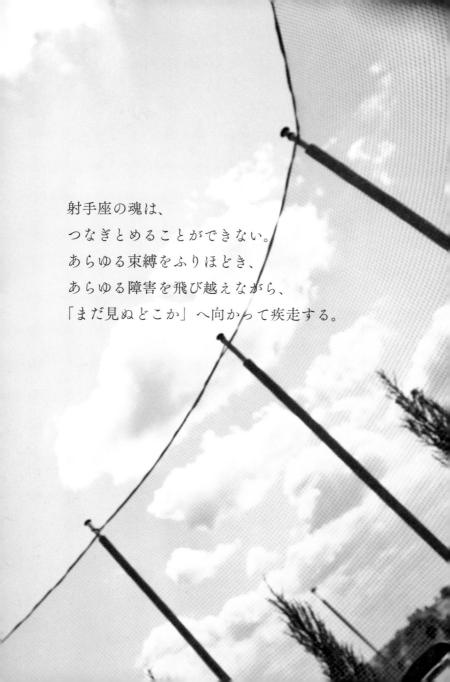

射手座の魂は、
つなぎとめることができない。
あらゆる束縛をふりほどき、
あらゆる障害を飛び越えながら、
「まだ見ぬどこか」へ向かって疾走する。

「なぜそんなことをはじめるの？」
人々は不思議に思うかもしれない。
その理由は、あなたにだってわからない。
しかし心の底で漠然と信じている。
たとえ自分が何をはじめようと、
そこには人生の大切な意味があるということに。

こんなふうになりたい。
自分の欲求に素直になろう。
言葉にならない強い憧れこそが、
仕事に、遊びに、
恋に、友人に、旅行に、
次々と「やりたいこと」
を生み出してくれるから。

我慢をすることじゃない。
無理をすることでもない。
「楽しんでできること」に意味がある。

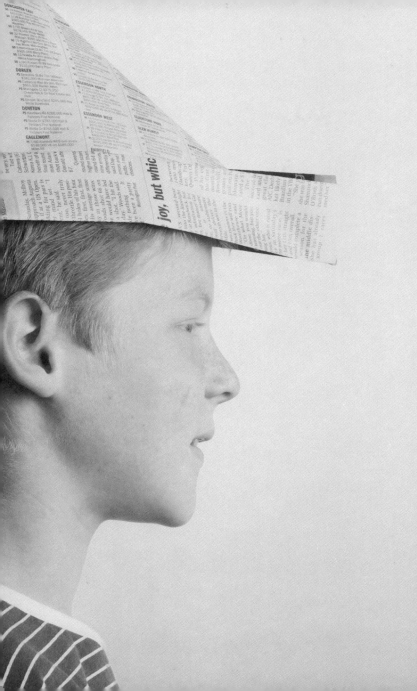

うまくいかないときもある。
でも自分からはじめようと思った気持ち、
そして実際にはじめることができた自分を、
たくさん褒めてあげよう。
なぜなら、はじめる前の自分よりも、
あなたは確実に進歩しているのだから。

射手座の旅には目的も期限もない。
ときには休もう。
そして、また歩き出そう。

射手座はこの期間に生まれました。

誕生星座というのは、生まれたときに太陽が入っていた星座のこと。
太陽が射手座に入っていた以下の期間に生まれた人が射手座です。
厳密には太陽の動きによって、星座の境界は年によって1〜2日変動しますので、
生まれた年の期間を確認してください。(これ以前は蠍座、これ以後は山羊座です)

生まれた年	期間(日本時間)	生まれた年	期間(日本時間)
1936	11/22 20:25 〜 12/22 09:25	1980	11/22 12:41 〜 12/22 01:55
1937	11/23 02:16 〜 12/22 15:20	1981	11/22 18:35 〜 12/22 07:49
1938	11/23 08:06 〜 12/22 21:12	1982	11/23 00:23 〜 12/22 13:37
1939	11/23 13:58 〜 12/23 03:04	1983	11/23 06:18 〜 12/22 19:28
1940	11/22 19:48 〜 12/22 08:53	1984	11/22 12:10 〜 12/22 01:21
1941	11/23 01:37 〜 12/22 14:43	1985	11/22 17:50 〜 12/22 07:06
1942	11/23 07:30 〜 12/22 20:38	1986	11/22 23:44 〜 12/22 13:01
1943	11/23 13:21 〜 12/23 02:28	1987	11/23 05:29 〜 12/22 18:44
1944	11/22 19:07 〜 12/22 08:13	1988	11/22 11:11 〜 12/22 00:26
1945	11/23 00:55 〜 12/22 14:02	1989	11/22 17:04 〜 12/22 06:21
1946	11/23 06:46 〜 12/22 19:52	1990	11/22 22:46 〜 12/22 12:05
1947	11/23 12:37 〜 12/23 01:41	1991	11/23 04:35 〜 12/22 17:52
1948	11/22 18:28 〜 12/22 07:32	1992	11/22 10:25 〜 12/21 23:42
1949	11/23 00:16 〜 12/22 13:21	1993	11/22 16:06 〜 12/22 05:24
1950	11/23 06:02 〜 12/22 19:12	1994	11/22 22:05 〜 12/22 11:21
1951	11/23 11:51 〜 12/23 00:59	1995	11/23 04:01 〜 12/22 17:15
1952	11/22 17:35 〜 12/22 06:42	1996	11/22 09:49 〜 12/21 23:04
1953	11/22 23:22 〜 12/22 12:30	1997	11/22 15:47 〜 12/22 05:06
1954	11/23 05:14 〜 12/22 18:23	1998	11/22 21:34 〜 12/22 10:55
1955	11/23 11:00 〜 12/23 00:09	1999	11/23 03:24 〜 12/22 16:42
1956	11/22 16:49 〜 12/22 05:58	2000	11/22 09:19 〜 12/21 22:36
1957	11/22 22:39 〜 12/22 11:47	2001	11/22 15:00 〜 12/22 04:20
1958	11/23 04:29 〜 12/22 17:38	2002	11/22 20:53 〜 12/22 10:13
1959	11/23 10:26 〜 12/22 23:33	2003	11/23 02:43 〜 12/22 16:02
1960	11/22 16:18 〜 12/22 05:24	2004	11/22 08:21 〜 12/21 21:40
1961	11/22 22:07 〜 12/22 11:18	2005	11/22 14:14 〜 12/22 03:33
1962	11/23 04:01 〜 12/22 17:14	2006	11/22 20:01 〜 12/22 09:21
1963	11/23 09:49 〜 12/22 23:00	2007	11/23 01:49 〜 12/22 15:06
1964	11/22 15:38 〜 12/22 04:48	2008	11/22 07:44 〜 12/21 21:02
1965	11/22 21:29 〜 12/22 10:39	2009	11/22 13:22 〜 12/22 02:45
1966	11/23 03:14 〜 12/22 16:27	2010	11/22 19:14 〜 12/22 08:37
1967	11/23 09:04 〜 12/22 22:15	2011	11/23 01:07 〜 12/22 14:29
1968	11/22 14:48 〜 12/22 03:58	2012	11/22 06:50 〜 12/21 20:10
1969	11/22 20:31 〜 12/22 09:42	2013	11/22 12:48 〜 12/22 02:10
1970	11/23 02:24 〜 12/22 15:34	2014	11/22 18:38 〜 12/22 08:02
1971	11/23 08:13 〜 12/22 21:22	2015	11/23 00:25 〜 12/22 13:46
1972	11/22 14:02 〜 12/22 03:11	2016	11/22 06:22 〜 12/21 19:43
1973	11/22 19:54 〜 12/22 09:06	2017	11/22 12:04 〜 12/22 01:26
1974	11/23 01:38 〜 12/22 14:54	2018	11/22 18:01 〜 12/22 07:21
1975	11/23 07:30 〜 12/22 20:44	2019	11/22 23:58 〜 12/22 13:18
1976	11/22 13:21 〜 12/22 02:34	2020	11/22 05:39 〜 12/21 19:01
1977	11/22 19:06 〜 12/22 08:22	2021	11/22 11:33 〜 12/22 00:58
1978	11/23 01:04 〜 12/22 14:19	2022	11/22 17:20 〜 12/22 06:47
1979	11/23 06:54 〜 12/22 20:08	2023	11/22 23:02 〜 12/22 12:26

※秒数は切り捨てています

著者プロフィール

鏡リュウジ
Ryuji Kagami

1968年、京都生まれ。
心理占星術研究家・翻訳家。国際基督教大学卒業、同大学院修士課程修了（比較文化）。
高校時代より、星占い記事を執筆するなど活躍。心理学的アプローチをまじえた占星術を日本で紹介することによって、占いマニア以外の人にも幅広くアピールすることに成功。占星術の第一人者としての地位を確たるものとし、一般女性誌の占い特集では欠くことのできない存在となる。また、大学で教鞭をとるなど、アカデミックな世界での占星術の紹介にも積極的。
英国占星術協会会員、日本トランスパーソナル学会理事、平安女学院大学客員教授、京都文教大学客員教授、東京アストロロジー・スクール代表講師などを務める。

参考文献

● HERMES 公式サイト．https://www.hermes.com/jp/ja/content/297706-birkin/
●クレイトン・クリステンセン／ジェフ・ダイアー／ハル・グレガーセン（著）櫻井祐子（翻訳）『イノベーションのDNA［新版］破壊的イノベータの5つのスキル　Kindle 版』2022年　翔泳社
●ロマン・ロラン（著）片山敏彦（翻訳）『ベートーヴェンの生涯　全巻合本版　Kindle 版』2015年　MUK production
●パウル・クレー（著）土方定一／菊盛英夫／坂崎乙郎（翻訳）『造形思考　上』2016年　筑摩書房

55 ページ＊1　寺山修司『ポケットに名言を　Kindle 版』2003年　KADOKAWA　より引用
57 ページ＊2　ボブ・トマス（著）玉置悦子／能登路雅子（翻訳）『ウォルト・ディズニー　創造と冒険の生涯　完全復刻版　Kindle 版』2017年　講談社　より引用
109 ページ＊3　L・M・モンゴメリ（著）村岡花子（翻訳）『赤毛のアン』2014年　講談社　より引用

まだ見ぬ彼方へ放て
射手座の君へ贈る言葉

2023 年 8 月 15 日　初版発行

著者　鏡リュウジ

写真　Getty Images
デザイン　井上新八
構成　ホシヨミ文庫
太陽の運行表提供　Astrodienst / astro.com
広報　岩田梨恵子
営業　市川聡／二瓶義基
制作　成田夕子
編集協力　三橋温子（株式会社ヂラフ）
編集　奥野日奈子

発行者　鶴巻謙介
発行・発売 サンクチュアリ出版
〒 113-0023　東京都文京区向丘 2-14-9
TEL 03-5834-2507　FAX 03-5834-2508
https://www.sanctuarybooks.jp
info@sanctuarybooks.jp

印刷・製本　中央精版印刷株式会社

本書は、2013 年 11 月に小社より刊行された『射手座の君へ』の本旨を踏襲し、
生活様式の変化や 200 年に一度の星の動きに合わせて全文リニューアルした
ものです。